UNE GHAZZIA

DANS LE

GRAND SAHARA

ITINÉRAIRE

DE LA

GHAZZIA FAITE, EN 1875, SUR LES BRABER

PAR

LES CHAMBAA DE METLILI ET DE GOLÉA

PAR

Le Capitaine A. COYNE

ATTACHÉ AU SERVICE CENTRAL DES AFFAIRES INDIGÈNES
DU GOUVERNEMENT GÉNÉRAL DE L'ALGÉRIE

AVEC UNE CARTE

ALGER

ADOLPHE JOURDAN, LIBRAIRE-ÉDITEUR

4, PLACE DU GOUVERNEMENT, 4

1881

UNE GHAZZIA

DANS

LE GRAND SAHARA

UNE GHAZZIA

DANS LE

GRAND SAHARA

ITINÉRAIRE

DE LA

GHAZZIA FAITE, EN 1875, SUR LES BRABER

PAR

LES CHAMBAA DE METLILI ET DE GOLÉA

PAR

Le Capitaine A. COŸNE

ATTACHÉ AU SERVICE CENTRAL DES AFFAIRES INDIGÈNES
DU GOUVERNEMENT GÉNÉRAL DE L'ALGÉRIE

AVEC UNE CARTE

ALGER

ADOLPHE JOURDAN, LIBRAIRE-ÉDITEUR

4, PLACE DU GOUVERNEMENT, 4

1881

UNE GHAZZIA

LE GRAND SAHARA

Les dernières populations soumises que l'on rencontre dans le sud des provinces d'Alger et de Constantine, installées sur les territoires qui constituent pour ainsi dire nos *marches* vers le grand Sahara, sont les Chambâa.

Ces Chambâa, d'après la tradition, ont une même origine. Ils forment trois agglomérations séparées se mouvant sur une grande bande de territoire limitée au nord-ouest par l'Oued-Seggueur, au sud-est par les dunes de Ghadamès, et elles y gravitent autour de trois oasis, Metlili, Goléa et Ouargla, qui ont donné respectivement leurs noms à chacun des groupes de Chambâa dont elles sont pour ainsi dire les capitales. Cependant les Chambâa de Metlili portent aussi le nom de Chambâa Berasga ; ceux de Goléa prennent celui de Chambâa Mouadhi ; ceux d'Ouargla sont connus sous la dénomination de Chambâa bou Rouba ou de Chambâa Hab Rih (souffle du vent).

Malgré les grandes distances qui séparent les unes des autres ces trois agglomérations, et bien que des questions d'intérêt personnel et immédiat aient parfois amené entre elles des luttes passionnées, les Chambâa ont toujours conservé dans certaines circonstances critiques une solidarité véritablement remarquable qui ne peut s'expliquer que par la situation particulière de ces tribus, se souvenant, quand elles se trouvent menacées ou offensées par un ennemi traditionnel, qu'elles ont une origine commune.

La légende qui raconte les commencements des Chambâa, trouverait difficilement sa place ici bien qu'elle soit très intéressante et des plus complètes ; j'espère pouvoir la donner ailleurs ; il suffira d'indiquer que, d'après elle, les familles nobles des Chambâa descendent d'un nommé Tameur, originaire des Hamyan, et les familles maraboutiques de deux Chorfa de Fez ; enfin, cette même légende rapporte que c'est le célèbre Si El-Hadj bou Hafs (1554-1660), troisième fils du grand Sidi Cheikh, qui a constitué la tribu en y amenant des éléments étrangers de son choix, et qui lui a donné une organisation sociale qui est encore suivie aujourd'hui.

Aussi les Chambâa sont-ils traditionnellement les serviteurs religieux de la descendance de Si El-Hadj bou Hafs, laquelle a formé la puissante famille des Oulad Sidi Cheikh dont la défection, en 1864, a entraîné la révolte de toutes les tribus du Sud de l'Algérie qui subissaient son influence politique et religieuse.

Les Chambâa sont depuis longtemps rentrés dans le devoir ; ils paient leurs impôts et subissent notre action politique sans résistance, au moins apparente, à moins que l'on ne veuille toucher à leur organisation traditionnelle.

Placés dans un pays des plus ingrats où ils errent avec leurs grands troupeaux de chameaux, ils durent, pour conserver leur indépendance, se faire craindre de leurs voisins. Audacieux et rusés, amis des aventures, ils ont toujours profité des désordres qui se sont produits dans le Sahara pour s'abandonner à leurs instincts pillards dont la satisfaction leur semble des plus naturelles. La *ghazzia* est leur élément, et ils avouent naïvement que le pillage est un moyen d'existence tout aussi honorable, à leurs yeux, que le commerce.

Cette dernière branche d'industrie ne leur est pas cependant étrangère, et, comme ils sont placés aux abords du pays des Beni-Mzab, ils se sont faits les convoyeurs de ces hérétiques qu'ils méprisent, et presque leurs associés sur les marchés du Gourara, du Touat et du Tidikelk qu'ils fréquentent journellement. Leur honnêteté commerciale est aussi grande que celle des Mozabites, et offre un étrange contraste avec la mauvaise foi politique que leur prêtent, avec plus de complaisance, peut-être, que de véritable raison, les tribus qui les avoisinent. Il est certain qu'ils sont très vindicatifs, mais je connais de nombreux faits qui démontrent également qu'ils tiennent loyalement leurs engagements quand on ne leur donne pas l'exemple de la mauvaise foi.

Je citerai un de ces faits qui est assez curieux et qui ne peut être révoqué en doute, bien que le voyageur allemand Gerhard Rohlfs, sur la foi de renseignements évidemment défigurés à plaisir dans un but intéressé, ait raconté tout le contraire (1).

En 1833, le célèbre Badjouda, dont le fils cadet, El-Hadj Abdelkader, commande actuellement à Insalah, était le chef incontesté du Tidikelt. A la suite de je ne sais quelles difficultés qui s'élevèrent entre lui et les Chambâa Mouadhi, il alla ghazzer, près de Goléa, la petite fraction des Oulad-El-Habib, lui tua deux hommes et lui enleva plus de trois cents chameaux.

Comme cela se fait en pareille circonstance, les Chambâa Mouadhi envoyèrent à Insalah, auprès de Badjouda et des Oulad-Ba-Hamou, une députation formée de leurs notables présentés par les personnages les plus influents des Chambâa de Metlili. Cette ambassade avait pour mission de fixer avec Badjouda la rançon à payer par les Chambâa Mouadhi pour récupérer les chameaux ghazzés par Badjouda et conclure ensuite avec lui une alliance durable. Badjouda reçut insolemment la députation des Chambâa, refusa de conclure aucun arrangement avec

---

(1) Voir *Mittheillungen auf dem gesammtgebiette der géographie von docteur A. Petermann*, année 1866, page 10.

elle et termina l'entrevue par ce propos hautain : « Le ciel est à Dieu, mais la terre est à Badjouda. » Cette fanfaronnade exaspéra les Chambâa, et les notables de ces tribus, aussi bien d'Ouargla que de Metlili et de Goléa, se réunirent au puits de Hassi-Berkaoui, sur l'Oued-Tkkir, pour discuter dans quelles conditions on devait tirer vengeance de l'insolence de Badjouda.

La réunion eut lieu au commencement de l'hiver de 1833. Dans cette assemblée, les Chambâa des trois groupes s'engagèrent par un serment solennel à marcher tous ensemble contre celui qui les avait humiliés, et à ne cesser la lutte qu'ils allaient entreprendre qu'après avoir tiré de lui une vengeance éclatante.

Un mois après, une petite colonne de Chambâa formée de cent quatre-vingts chevaux et de huit cent trente-deux mehara quittait Goléa et allait se placer à Tinfedjaouin, sur l'Oued-Mya, pour marcher sur les campements des Oulad-Ba-Hamou.

Les Chambâa se présentèrent devant Insalah et y apprirent que Badjouda était campé dans les sables au nord du ksar, avec une partie des Oulad-Ba-Hamou. Quelques heures après, les Chambâa entouraient ses campements. Badjouda monta à cheval avec ses cavaliers, mais incapable de résister avec sa faible troupe, il essaya de gagner à toute vitesse la Kasba des Badjouda, petit ksar situé dans l'oasis d'Insalah. Les Chambâa se jetèrent sur ses traces et cherchèrent à le séparer de ses cavaliers. Trois Chambâa d'Ouargla, Bel Kheir Bel Hadj, Mohammed ben Kaddour bou Defor, Righi ben B'kkir, l'atteignirent et le tuèrent avant qu'il ait pu entrer dans sa Kasba. Se sentant mourir, au moment où il venait d'être blessé par Mohammed ben Kaddour, il se retourna et lui demanda grâce. Celui-ci lui répondit : « Tu n'as pas » d'autre grâce à attendre que d'être couché sur la terre, » puisqu'elle t'appartient. »

Mais la mort de leur ennemi n'avait pas assouvi la soif de vengeance des Chambâa ; ils campèrent autour du cadavre de Badjouda, qu'ils laissèrent à l'endroit où il était tombé, espérant que quelqu'un de la famille du mort, laquelle était enfermée dans le ksar, tenterait de prendre le cadavre pour lui donner la sépulture suivant les prescriptions de la loi musulmane. Les Chambâa attendirent là trois jours ; personne ne vint. Ils laissèrent donc le cadavre de Badjouda gisant sur le sol, et allèrent camper au ksar d'Iguesten, où ils s'installèrent pour opérer des ghazzias dans le voisinage, sur les chameaux des Oulad-Ba-Hamou, respectant les campements des Oulad-Mokhtar, tribu rivale des premiers. Deux mois après, les Chambâa se séparèrent sur l'Oued-Tkkir, après avoir partagé entre eux plus de neuf cents chameaux, plusieurs milliers de moutons et un véritable troupeau d'ânes et de nègres. Trois ans après, les populations du Tidikelt auxquelles les Chambâa coupaient la route du Nord-Est, voulurent avoir la paix avec ceux-ci, et ils envoyèrent à Metlili une députation de quarante notables formée des gens les plus influents des Oulad-Mokhtar, des Oulad-Ba-Hamou et des Touaregs d'Insalah.

Ahmed ben Ali, des Chambâa de Metlili, qui avait dirigé l'expédition contre Badjouda, bien que des relations anciennes d'amitié avec ce personnage lui eussent rendu très pénible l'accomplissement de ce devoir patriotique, envoya immédiatement prévenir les notables des principales fractions des Chambâa en leur donnant rendez-vous dans un mois à Hassi-Berkaoui afin de recevoir la députation des gens de Tidikelt.

L'assemblée plénière des Chambâa se réconcilia avec les gens de Insalah à la suite d'un immense *tam* (1) et la paix qui fut conclue dans cette réunion entre les deux agglomérations n'a pas encore été troublée jusqu'à ce jour.

---

(1) Le tam est dans son acceptation propre de la nourriture, mais on l'applique également aux grands repas que l'on donne dans les occasions solennelles, telles que funérailles, anniversaires, réconciliation, etc.

J'ai dit plus haut que les Chambâa faisaient du trafic avec les grands centres commerciaux du Gourara, du Touat et du Tidikelt, de Ghadamès et de Ghat; aussi connaissent-ils admirablement les routes qu'il convient de suivre suivant les époques de l'année et la situation politique des régions qu'ils auront à traverser. Ils sont, du reste, d'une audace sans pareille et se jettent sans guide à travers des pays qu'ils ne connaissent pas, se fiant à leurs instincts, à leurs sens qui sont admirablement développés.

Au moment où tout le monde se passionne pour les voyages dans le Sahara, il m'a paru utile, à plus d'un égard, de donner le journal de route d'une petite colonne de Chambâa qui, au mois d'août 1875, alla opérer au sud du Tafilalet contre certaines des tribus qui occupent cette région.

Dans le courant de cette année 1875, quelques fractions des Brabers et des Oulad-Moulet suivant la fortune des Oulad-Sidi-Cheikh-Cheraga dans leurs incursions sur le territoire algérien, étaient tombées sur des campements de Chambâa installés momentanément sur l'Oued-Zergoun, leur avaient enlevé des troupeaux et leur avaient tué deux hommes; peu après, une autre bande de Brabers et d'Oulad-Moulet venus par le pays de Figuig et la région déserte qui s'étend au sud des oasis de la province d'Oran, avait ghazzé des Chambâa de Goléa près de Kseïba et leur avait enlevé quatre-vingts chameaux et tué trois hommes.

Ces divers griefs ajoutés à d'autres antérieurs avaient déterminé les Chambâa de Metlili et de Goléa à organiser une expédition destinée à aller infliger une sévère leçon à leurs ennemis dans leur propre pays.

Après en avoir délibéré, les notables des deux tribus décidèrent que l'on partirait de Goléa vers la fin du mois d'août et que l'on marcherait sur le sud du Tafilalet où campaient généralement à cette époque de l'année les Oulad-Moulet et les principales fractions des Brabers.

Les Chambâa de Metlili fournirent cent soixante-seize cavaliers à mehari, soit seize hommes par chaque kebila, plus vingt-trois hommes à cheval. A ce contingent fourni par les Chambâa, proprement dit, se joignirent cinq hommes à mehari des Zouadir (Zoua des Oulad-Sidi-Cheikh, habitant Metlili), cinq cavaliers à mehari des Oulad-Smaïl, habitant à Metlili avec les Oulad-Allouch, six cavaliers à mehari des Mekhadma, habitant Metlili, en tout deux cent quinze guerriers dont la plupart à mehari, fournis par le groupe de Metlili, sous le commandement d'Ahmed ben Ahmed, ancien caïd des Chambâa, du temps des Oulad-Sidi-Cheikh, et chef de la famille des Oulad-Ali qui seule a le droit de porter le drapeau des Chambâa.

Le groupe de Goléa fournit cent vingt-six cavaliers à mehari, un homme à cheval, cinq cavaliers à mehari des Oulad-Takhbira (Zoua des Oulad-Sidi-Cheikh habitant Goléa), quatorze cavaliers à mehari des Oulad-bou-Nama (Zoua des Oulad-Sidi-Cheikh habitant à Goléa), deux cavaliers à mehari des Mekhadma qui se trouvaient de passage à Goléa et demandèrent à faire partie de l'expédition, et, enfin, dix cavaliers à mehari de la fraction des Doui des Oulad-Allouch habitant à Goléa depuis 1869. Cette troupe fut renforcée, à son passage dans l'Ouaguerout, par sept cavaliers à mehari des Khenafsa, tribu campée dans le voisinage de ces oasis.

C'était un total de trois cent quatre-vingts cavaliers, soit à cheval, soit à mehari, armés chacun d'au moins un fusil à deux coups, souvent de deux, et de chacun un sabre et un pistolet; chaque cavalier à cheval amenait trois chameaux de bât pour porter l'orge du cheval, son eau et les vivres du cavalier; les cavaliers à mehari s'étaient arrangés entre eux pour avoir un chameau de bât pour deux mehara. Enfin, chaque cavalier à mehari portait, pendu à sa selle, une petite peau de bouc contenant deux ou trois jours d'eau pour le cavalier et un petit sac de vivres pour le même laps de temps.

La petite colonne comprenait donc en tout trois cent soixante-quinze hommes, vingt-quatre chevaux, trois cent quarante-sept mehara et deux cent soixante-cinq chameaux porteurs, conduits par les cavaliers à mehari.

D'un commun accord, les Chambâa de Goléa et de Metlili confièrent le commandement et la direction de l'expédition à Ahmed ben Ahmed.

Tous les préparatifs de départ étant faits, la colonne quitta Goléa le 19 août, mais un peu tard dans la matinée, à cause des adieux que faisaient les Chambâa Mouadhi aux partants. Du reste, la première journée ne pouvait être très longue, car il fallait s'assurer que les charges des chameaux porteurs étaient bien réparties, et étudier la vitesse comparative des animaux afin de pouvoir organiser les colonnes d'attaque. Après avoir quitté les jardins de Goléa, la colonne marcha dans la direction du Sud-Ouest, traversant un terrain de hamada pendant 2 ou 3 kilomètres, puis elle entra dans une dépression légèrement sablonneuse. A environ 12 kilomètres de Goléa on rencontre le puits nommé Hassi-ben-Kaddour ; puits dont l'eau est presque à fleur de sol, mais peu abondante, ombragé par trois palmiers qui marquent de loin son emplacement. Entre Hassi-ben-Kaddour et Ouallen, on coupe alternativement des sables et des hamada. La colonne laissa les puits d'Ouallen à environ 500 mètres sur la gauche ainsi que la koubba élevée sur le tombeau de Si Mahmed Mouley Ouallen. Les puits d'Ouallen sont peu profonds, très abondants, et contiennent une eau excellente. A côté de la koubba, et au Sud, est une petite oasis d'environ cent cinquante palmiers cultivés par des Chambâa de Goléa qui habitent en permanence sur ce point. Ouallen est la station d'été des Chambâa Mouadhi qui y laissent sans gardiens leurs immenses troupeaux paître dans l'areg, laquelle se relève dans la direction du Nord, de manière à rejoindre les grandes dunes qui bordent à droite la route de Timimoun. Après avoir traversé l'extrémité de l'areg qui, à cet endroit, n'a pas plus d'un kilomètre et demi de large et très peu de relief, la colonne descendit dans une grande dépression sablonneuse, nommée Roknet-el-Khadem, et y campa.

Roknet-el-Khadem, qui est à 6 kilomètres environ d'Ouallen, est aussi une station d'été des Chambâa de Goléa, bien qu'il n'y ait pas d'eau.

Le 20 août, au matin, la colonne quitta Roknet-el-Khadem, se dirigeant vers le Sud-Ouest, et monta sur un terrain de hamada nommé Reg-Oulad-Meriem. Après une marche de 13 kilomètres environ, elle coupa l'Areg-Tellis, qui est d'un accès difficile. Cet Areg vient du Nord et s'arrête au Baten, qui est distant d'Hassi-el-Hamar d'environ 10 kilomètres, dans la direction Sud-Sud-Est. Après avoir coupé l'Areg Tellis on s'engage dans une grande plaine de hamada, parfaitement horizontale, et on arrive à Hassi-el-Hamar (le puits rouge). La colonne arriva sur ce point vers une heure de l'après-midi. Malheureusement, le puits était obstrué par un chameau mort, de sorte qu'on ne put y faire de l'eau. Ce puits est très abondant et donne une eau excellente ; il n'a que 10 mètres de profondeur. La colonne campa à côté du puits et détacha immédiatement des travailleurs pour le nettoyer. Elle stationna à Hassi-el-Hamar, le 21 et le 22 août. Ces journées furent employées par Ahmed ben Ahmed à l'organisation de sa troupe, qui fut divisée en quatre groupes de force égale : l'un, sous le commandement de son frère Moussa ben Ahmed ; l'autre, sous le commandement de El-Aïd ben Hamouani des Oulad-Abdelgader ; le troisième, sous le commandement du caïd de Goléa, Brik ben Aïssa ; le quatrième, sous le commandement d'Ahmed ben Mahmed Boussina, des Oulad-Fradj de Goléa. Cette organisation devait être conservée pendant toute la durée de l'expédition, aussi bien pour le combat que pour les distributions de vivres, d'eau et la répartition des prises. L'ordre des tours de chaque groupe pour s'abreuver à un puits était déterminé par le sort; enfin, dans chaque groupe, pour les distributions d'eau à chaque puits, un cavalier à cheval était compté comme deux cavaliers à mehari.

La colonne partit d'Hassi-el-Hamar le 23 août, de grand matin, quittant la route directe de l'Ouaguerout et inclinant au Nord sur la route de Timimoun, qui longe les Aregs, et dans laquelle il y a, par conséquent, plus d'eau et de pâturages que dans la première qui suit le pied du Baten. Après une très longue journée à travers la hamada, la colonne arriva un peu après le coucher du soleil, au puits de Iekna, qu'elle trouva comblé jusqu'à la gueule. Ce puits est ordinairement très abondant et contient une eau excellente. Il est creusé dans le rocher et n'a pas plus de 10 mètres de profondeur jusqu'à l'eau. La légende du Sahara raconte que ce puits a été foré par la fameuse princesse Bent El-Khas, à laquelle on attribue également la construction du puits de Zirara, à mi-chemin entre Metlili et Goléa.

La colonne passa la nuit sur ce point, et, le 24 août, avant le jour, elle reprit la direction du Baten, allant sur Hassian-el-Homor (les puits rouges), groupe de deux puits, à environ 10 kilomètres au nord du Baten. La route parcourue dans la journée se faisait sur une immense plaine de hamada; les Chambâa arrivèrent aux puits un peu après le coucher du soleil, et les trouvèrent presque comblés par les sables. On campa; quelques hommes descendirent dans l'un des puits qui est profond d'à peine 3 mètres jusqu'à l'eau, et commencèrent à le nettoyer. L'eau des puits d'Hassian-el-Hamor est excellente et abondante. Ahmed ben Ahmed décida que l'on passerait sur ce point les journées du 25 et du 26 août, afin de faire reposer les chameaux et de les laisser se restaurer dans les pâturages du Baten. Conformément à un ancien usage, les Chambâa égorgèrent trois chameaux près des puits, en signe de réjouissance du succès futur de l'expédition.

Le 27, au matin, la colonne quitta Hassian-el-Hamor suivant la route de l'Ouaguerout. Près de ce campement elle traversa un petit espace de sable et reprit la plaine de hamada. Après une petite journée de marche, on campa un peu au nord des Zmoul, à environ 5 kilomètres de la route directe conduisant à l'Ouaguerout.

Les Zmoul sont trois dunes de sable, dont deux grandes et une petite, situées un peu au nord-est du puits de Ben-Haddi qui est une des étapes de la route de Goléa à l'Ouaguerout. Le camp de la colonne fut installé sur le versant nord des Zmoul, dans les sables qui s'étendent à leurs pieds, où il y a d'abondants pâturages, mais pas d'eau.

En partant des Zmoul, le 28 août de grand matin, la colonne marcha quelques instants dans de petits plis sablonneux et se trouva immédiatemeut après sur une immense plaine de hamada dans laquelle elle prit une route intermédiaire entre celle qui conduit directement de Goléa à Timimoun et celle qui conduit de Goléa à Bou-Demam, point extrême nord-est de l'Ouaguerout. Après une marche d'environ 34 kilomètres, les Chambâa arrivèrent à Hassi-el-Ferzigua, puits profond d'environ 3 mètres, contenant une eau excellente, mais peu abondante ; la colonne arriva vers deux heures de l'après-midi ; le puits était comblé par les sables. On se mit immédiatement à l'ouvrage et ce ne fut que dans la journée du 29 août que l'on put puiser de l'eau pour abreuver les animaux de la colonne laquelle partit de ce point le 30 au matin dans la direction exacte du Sud-Ouest, à travers une plaine de hamada, pour arriver après une étape très longue, au petit ksar ruiné de Fguiguira où l'on ne trouve que des vestiges de maison et quelques palmiers *djali* (1).

Le puits de Fguiguira est le seul qui reste ouvert des

---

(1) On appelle palmiers *djali* ceux qui poussent sans irrigation à la surface du sol. Ils sont généralement très peu productifs.

nombreuses feggaguir (1) qui arrosaient le village. Ce puits est peu profond, mais si peu abondant qu'on ne put y faire boire que les chevaux de la colonne.

Le 30 août elle se mit en marche de bonne heure, un peu avant le lever du soleil ; à huit heures elle longeait la Seguia sud du ksar d'El-Ouajda, petit village d'environ 70 maisons, le dernier vers le Sud qui fasse partie du Gourara, bâti sur le bord Est de la grande sebkha. Les Chambâa abreuvèrent les chameaux à la Seguia, et les habitants du ksar leur distribuèrent quelques régimes de dattes ; toutes ces opérations prirent à peine une demi-heure. C'est au ksar d'El-Ouajda que sept cavaliers à mehari, de la tribu des Kenafsa, se joignirent à l'expédition. A neuf heures du matin, la colonne s'engagea dans la sebkha se dirigeant vers l'Ouest. A six heures du soir, après une marche assez pénible, par ce que le fond de la sebkha était souvent peu solide, la colonne arrivait sur l'autre rive au pied de l'Areg-el-Mallem, grande dune dirigée du Nord au Sud, et peu élevée. Ils campèrent au pied de l'Areg dans des sables où ils trouvèrent du drinn (2) en quantité pour les chevaux et les chameaux.

La colonne quitta son campement d'Areg-el-Mallem le 31 août et s'engagea dans l'Areg, une heure avant le lever du soleil. Après une heure et demie de marche à

---

(1) Les feggaguir (singulier *foggara*) qui sont le système d'irrigation employé au Gourara, au Touat, au Tidikelt, consistent en une série de puits creusés, sur un à dos de collines ; tous ces puits sont réunis entre eux par des galeries souterraines, sortes de canaux collecteurs qui amènent les eaux à la partie la plus basse de la nappe d'eau dans un grand réservoir où l'eau est répandue ensuite dans les jardins par les seguia.

(2) Le drinn *(aristida pungens)* est une plante ligneuse à racines filamenteuses très longues qui vit dans les sables et produit un épi contenant un grand nombre de petites graines ressemblant à du millet excessivement petit. Dans le Sahara occidental les indigènes utilisent cette graine qu'ils broient pour en faire une sorte de bouillie qu'ils cuisent à l'eau ou au lait. Sur les bords de l'Atlantique le drinn s'appelle *Sebat* ou *Illig*.

travers l'Arêg, elle entrait sur le terrain uni d'une sorte
de hamada noire, dans laquelle il n'y a ni pierres, ni
pâturages, ni broussailles. La colonne avait pour guide
un homme des Chambâa Mouadhi, nommé Belgassem
ben Saïd, vieillard âgé d'environ 80 ans, et qui avait
été une fois, lorsqu'il avait 15 ou 16 ans, jusqu'au ksar
d'El-Ougarta, accompagnant une ghazzia qu'avaient
faite sur ce point les gens de sa tribu. On suivit sur la
hamada la direction du Sud-Ouest et après une longue
marche, depuis une heure avant le lever du soleil jusqu'à
la nuit complète, on arrivait dans une sorte de daya au
milieu de laquelle se trouve le puits de Fguiguira, puits
peu profond et peu abondant.

Les deux longues marches que la colonne venait d'accomplir, sans rencontrer de pâturages, avaient fatigué
les animaux ; on décida que l'on se reposerait le lendemain, 1er septembre, de manière à pouvoir tous les
abreuver.

Le 2 septembre, le guide décida que l'on devait modi-
fier la direction suivie jusqu'alors et ne plus aller au
Sud. On prit donc la direction Nord-Ouest sur une
hamada de même nature que la veille et au bout de six
heures et demie de marche, à peu près, on arrivait sur
les bords de l'Oued-Saoura que l'on coupait à environ
7 kilomètres au-dessous du Kheneg, dans un endroit où
il y avait de l'eau en quantité dans de grands trous.

L'Oued-Saoura est peu large sur ce point : son lit qui
est encaissé n'a pas plus de 60 mètres, d'une rive à l'autre, et la vallée, dans laquelle il coule, n'a guère plus de
7 à 800 mètres de largeur. Comme le lit de la rivière
était couvert d'arbustes tels que le *retem*, l'*alenda*, le
torfa, les Chambâa séjournèrent en ce lieu la journée
du 3 septembre, de manière à faire manger leurs chameaux et à se préparer, eux-mêmes, à entrer en pays
ennemi.

Le 4 septembre, avant le lever du soleil, la colonne se
mit en marche dans la direction de l'Ouest-Nord-Ouest.

En quittant la vallée de l'Oued-Saoura on monta sur un petit plateau de hamada où les Chambâa firent la prière du *fedjer*. A leur droite s'élevaient de hautes montagnes arides et rocheuses, courant dans la direction du Kheneg ; à leur gauche et devant eux, s'étendait une immense sebkha dans laquelle ils entrèrent un peu après le lever du soleil, ayant parcouru 8 kilomètres sur la hamada qui est du reste très peu élevée, aussi bien au-dessus du lit de la sebkha que de celui de l'Oued-Saoura. Le fond de la sebkha, dans la direction qu'ils parcouraient, était plein de sel et légèrement vaseux, de sorte que leur marche était un peu alourdie. Ils suivirent, toute la journée, le bord droit de la sebkha qui était dominé par des montagnes élevées, et arrivèrent une demi-heure avant le coucher du soleil à l'extrémité de la sebkha sur un plateau de hamada, où, après avoir marché 5 ou 6 kilomètres, ils campèrent près d'une fontaine nommée Aïn-Dhob, qui coule dans un ravin sortant d'un massif montagneux placé au Nord-Ouest. Ils trouvèrent, à côté d'Aïn-Dhob et sans gardien, six chameaux et douze bœufs qu'ils reconnurent, à la marque dont ils étaient porteurs, comme appartenant au marabout de Kerzaz et que, par conséquent, ils respectèrent.

En quittant Aïn-Dhob, le 5 septembre, un peu avant le jour, la colonne entra immédiatement dans un massif montagneux formé de rochers polis, sans végétation, enchevêtrés les uns dans les autres comme la Chebka du Mzab ; seulement au lieu d'être rouges comme au Mzab, les rochers y sont bleuâtres ou gris. Vers une heure de l'après-midi, nos gens sortirent de la Chebka pour entrer dans une grande dépression qu'ils longèrent en la laissant à leur droite, et ils campèrent vers cinq heures du soir dans le lit d'une rivière venant du Nord et aboutissant dans cette dépression qu'ils nomment Haoudh, au milieu de laquelle se trouve, dans une véritable forêt de *zeita* et de *torfa,* une petite areg au pied de laquelle se trouve un puits nommé Oglat Nahïa.

La rivière dans laquelle ils étaient campés, avait son lit couvert de gommiers, et, de la hauteur qui formait le bord Nord de la dépression, venait un grand nombre de ravins remplis également de gommiers.

Le lendemain, 6 septembre, au point du jour, la colonne remonta pendant environ 10 kilomètres la rivière dans laquelle elle se trouvait, et, arrivée sur la crête qui est peu élevée, on aperçut dans la direction du Nord-Ouest, le ksar d'El-Ouguarta. La hauteur sur laquelle la colonne se trouvait, décrit un grand circuit dans l'Ouest et aboutit au ksar qui est construit sur un petit chaînon peu élevé rattaché à cette ligne de collines rocheuses.

Au point où les Chambâa arrivèrent sur la crête, prenait naissance un ravin assez large qui passe au pied d'El-Ouguarta. De peur d'être aperçus par les gens du ksar, les Chambâa se jetèrent immédiatement dans le lit de cette rivière et prirent leurs dispositions de combat.

Afin de tromper l'ennemi sur la force de la troupe qu'il commandait, Ahmed ben Ahmed, après avoir laissé en arrière les chameaux et quelques hommes pour les conduire, plaça ses vingt-quatre cavaliers sur quatre files, afin que de loin on pût croire qu'il n'y avait que quatre cavaliers; enfin, derrière les cavaliers, il plaça quatre files formées chacune de quinze fantassins, chaque homme marchant exactement dans les traces de son chef de file; et pour cela, le premier de chaque file appuyait sa main gauche sur la croupe du cheval qui le précédait, et ceux qui étaient derrière avaient chacun la main gauche appuyée sur l'épaule gauche de celui qui marchait en avant de lui. Cette disposition de marche offensive est employée par les Touaregs.

La porte inférieure du ksar, lequel est entouré de murs, fait face à l'Est; à côté, est une fontaine très abondante de laquelle partent plusieurs seguias qui arrosent les jardins dispersés au Nord et à l'Est du ksar. L'eau de cette fontaine, qui forme une petite rivière, se perd dans une sebkha qui s'étend à perte de vue dans la direction du Nord-Est.

Lorsque les gens du ksar virent approcher les Chambâa, ils sortirent en armes au nombre d'environ quarante fantassins, et vinrent se placer en avant de la fontaine et de la seguia la plus rapprochée du Sud, de manière à défendre les abords de l'eau. Les Chambâa s'approchaient toujours, et quand ils furent arrivés à portée de fusil et qu'ils eurent reconnu la force des gens d'El-Ouguarta, le goum s'éparpilla autour du ksar après avoir reçu la première décharge des défenseurs, et surveilla les abords d'El-Ouguarta, afin d'empêcher qui que ce soit d'en sortir. Les fantassins des Chambâa se dispersèrent en tirailleurs et engagèrent le feu avec les gens d'El-Ouguarta qui, au bout de quelques minutes, avaient eu sept des leurs tués. Aucun des Chambâa n'avait été blessé ; seul Ahmed ben Ahmed avait reçu à travers ses vêtements une balle qui, après avoir contourné la hanche gauche sans le blesser, avait traversé le dossier de sa selle.

Les gens d'El-Ouguarta demandèrent l'aman, ouvrirent leurs portes et vinrent égorger aux pieds de leurs vainqueurs un mouton et une chèvre. Les habitants du ksar, qui sont des Brabers et des Zenata, ont pour chef une femme nommée Cheïkha Fathma, qui alla, avec son enfant à la main, demander grâce pour ses gens ; elle reçut d'Ahmed ben Ahmed un haïk en soie qu'il portait sous sa selle.

Les habitants d'El-Ouguarta vendirent aux Chambâa de l'orge et des dattes, et leur donnèrent quatre de leurs jeunes gens comme guides. En effet, Belgassem ben Saïd, qui avait conduit la colonne jusqu'à ce point, ne connaissait plus le pays en avant.

Le ksar d'El-Ouguarta contient environ quarante maisons et des magasins où certaines fractions des Brabers ensilotent leurs grains ; l'oasis est petite et n'a pas plus de quatre ou cinq cents palmiers. La colonne des Chambâa traversa le ksar en entrant par la porte du bas et sortit par la porte du haut, vers deux heures de l'après-midi environ.

En sortant du ksar, on se trouve sur un immense plateau de hamada parsemé de nombreuses daya complantées de *bethoum*, de gommiers, de jujubiers épineux, etc. Au coucher du soleil, ou campait dans une de ces daya sans eau.

Le 7 septembre, sur l'indication des guides pris à El-Ouguarta, la colonne modifia un peu vers le Nord la direction qu'elle avait suivie jusqu'alors. Elle parcourut, depuis le lever du soleil jusqu'à son coucher, une immense plaine de hamada analogue à celle qu'on avait trouvée en quittant le ksar d'El-Ouguarta, s'étendant à perte de vue sur la droite et bordée sur la gauche par une ligne non interrompue de hauteurs qui se découpaient en bleu sombre sur l'horizon et qui leur paraissaient être à une journée de marche dans l'Ouest. Comme les provisions avaient diminué, les chameaux porteurs étaient plus légers ; on put donc presser leur allure ; de plus, on était en pays ennemi et il fallait marcher vite pour atteindre le plus tôt possible le but que l'expédition se proposait. Au coucher du soleil, la colonne arriva sous les murs du petit ksar des Zeghamra ou Mezghamour, qui ne contient qu'environ dix maisons. Il est bâti au pied du versant Sud d'une *gara* isolée et est arrosé par un puits artésien creusé au milieu des jardins de palmiers qui s'étendent au sud-ouest du ksar. Il est habité par des Zenata, qui sont les gardiens de silos d'une fraction des Brabers, laquelle vient camper au printemps auprès de ce ksar, où il y a des pâturages remarquables, et qui va passer l'été au Tafilalet.

Ahmed ben Ahmed après avoir payé les guides qu'il avait pris à El-Ouguarta, les renvoya, et demanda aux gens des Zeghamra de lui donner cinq jeunes gens qui puissent conduire sa colonne dans le voisinage des campements occupés par les Oulad-Moulet et les Brabers. On les lui donna au prix convenu de cinq francs par homme pour toute la course.

Le 8 septembre, les Chambâa quittèrent Mezghamour un peu avant le lever du soleil. Les guides firent prendre à la colonne une direction presque perpendiculaire vers l'Ouest à celle suivie la veille, à travers une plaine de hamada, bornée dans la direction de l'Ouest et du Nord par une ligne de hautes montagnes rocheuses à pentes très abruptes. Après avoir marché environ 11 kilomètres, on arriva aux pieds de cette montagne qu'il fallait gravir. L'ascension fut pénible et très longue ; on dut faire monter les chameaux un par un sur des rochers rougeâtres complètement dépourvus de terre et de végétation. Un peu avant trois heures de l'après-midi, on atteignit la crête qui est étroite, et on descendit sur l'autre versant de la montagne qui est en pente douce ; on coupa l'Oued-ben-Djediri qui a sa tête dans la montagne que l'on venait de franchir et qui coule vers le Nord-Est. Le lit de l'Oued-ben-Djediri est couvert de gommiers et de jujubiers épineux. La colonne campa sur la rive gauche de l'Oued à 12 kilomètres environ du point où elle l'avait coupé, sur une plaine de hamada découpée par de petits ravins venant de la montagne qui n'était pas très éloignée vers la gauche, et dans le lit desquels ils croissait une grande quantité de *drinn* et de *bou-rokba,* sorte de plante analogue au *drinn,* mais beaucoup plus élevée, que l'on trouve fréquemment dans le pays des Touaregs. Les chameaux étaient fatigués de la route et se répandaient dans ces terrains de *drinn* pour pâturer ; le soleil était du reste sur le point de se coucher, de sorte que les notables des Chambâa proposèrent de camper sur ce point. Le plus grand nombre craignant au contraire d'être attaqué pendant la nuit par les nomades qui campent dans les environs du ksar des Zeghamra voulait que l'on marchât pendant la nuit pour s'éloigner le plus possible de ce point dangereux puisqu'il était habité. Alors Ahmed ben Ahmed et ses parents campèrent au point où ils se trouvaient, de sorte que la colonne les dépassa vers l'Ouest. Il fit alors observer aux gens qu'ils pouvaient camper sans danger, puisque ses frères et lui seraient les premiers du côté du danger qu'ils laissaient derrière eux. On campa.

La nuit du 8 au 9 septembre se passa sans alerte, et au matin, la colonne se dirigea à travers une immense plaine de hamada qui n'avait que l'horizon comme bornes de tous les côtés. Cette hamada était noire, très plate et sans aucune espèce de végétation. La direction que suivait la colonne était l'Ouest, de telle sorte qu'au coucher du soleil on avait ses rayons entre les deux yeux. Après avoir marché de leur mieux toute la journée, les Chambâa arrivèrent vers cinq heures du soir sur les bords d'une grande dépression peu profonde, à fond sablonneux, couverte des mêmes plantes que la dépression qui entoure Ouargla, à laquelle elle ressemble. Le *domran,* le *chebrok,* le *zeïta,* le *torfa,* le *baguel* formaient une véritable forêt du fond de cette daya qui porte le nom de daya Berbouchia. Ils traversèrent cette daya qui a environ 8 kilomètres de diamètre, et au milieu de laquelle se trouve un puits presque à fleur de sol donnant une eau peu abondante, amère et salée, et campèrent sur l'autre bord. Les guides firent remarquer dans la direction de l'Ouest, trois Areg au milieu desquelles se trouve Hassi-El-Guisia, et informèrent qu'il y avait souvent des Brabers campés à côté de ce puits, que par suite il serait bon de l'occuper pendant la nuit afin d'éviter que les gens qui pourraient y être campés ne pussent donner l'alarme dans leurs tribus. Ces indications étaient bonnes à suivre; aussi Ahmed ben Ahmed envoya-t-il vers neuf heures du soir vingt cavaliers à mehari sous le commandement de ses deux parents Abdelkader ben Moussa et Cheikh ben Abdelhakem dirigés par un homme des Zeghamra, avec mission d'occuper Hassi-El-Guisia et ses abords.

Deux heures avant le lever du soleil, la colonne quitta

le campement de Berbouchia. Ahmed ben Ahmed, avec huit cavaliers et un guide des gens de Zeghamra, monté sur un mehari, pressèrent l'allure de leurs chevaux pour devancer la colonne et l'éclairer en avant. A dix heures du matin ils arrivaient à Hassi-El-Guisia, puits d'environ trois mètres de profondeur, donnant une eau excellente mais peu abondante, creusé au milieu d'une petite daya bordée, au Nord, à l'Ouest et au Sud, par trois grandes aregs très élevées, détachées d'une grande ligne d'aregs qui filait à perte de vue dans le Sud-Est. Abdelkader ben Moussa, qui était arrivé au point du jour aux environs d'Hassi-El-Guisia, avait dissimulé sa petite troupe dans les aregs et placé des éclaireurs sur des points élevés afin de découvrir au loin le pays. A huit heures du matin, il vit deux hommes qui venaient abreuver un troupeau de trente chamelles au puits; à un signal donné, les Chambâa entourèrent la daya, tuèrent l'un des hommes et s'emparèrent de l'autre ainsi que des trente chamelles. Ces deux hommes, qui étaient frères, appartenaient à la fraction des Aït-Khabech, des Brabers, et se trouvaient seuls près d'Hassi-El-Guisia pour faire paître leurs chameaux et chasser.

La colonne arriva à Hassi-El-Guisia le 10 septembre, à trois heures de l'après-midi, après avoir marché environ dix heures sur un terrain d'une hamada plate, noire, et qui paraît devoir fournir d'excellents pâturages en hiver. La prise que l'on venait de faire au puits d'El-Guisia démontrait que l'on n'était pas loin des campements ennemis et qu'il fallait marcher rapidement, mais en prenant toutes les précautions qu'indiquait la prudence, c'est-à-dire s'éclairer au loin et marcher en ordre. Aussi, après avoir quitté, le 11 septembre, la daya d'El-Guisia, en passant par un col très bas, ouvert entre deux aregs, et après avoir marché à peu près 5 ou 6 kilomètres dans les sables, aussitôt que la colonne fut arrivée sur une plaine de hamada, plate, coupée, dans le sens du Nord au Sud, par des ravins qui allaient se perdre dans les aregs,

Ahmed ben Ahmed forma sa colonne en ordre de combat. Les hommes à cheval précédaient assez au loin la colonne, de manière à l'éclairer, et le convoi fut encadré entre la plus grande partie des cavaliers à mehari, formant le gros de la colonne, et un petit peloton de cavaliers, également à mehari, formant l'arrière-garde et destinés à faire serrer le convoi sur la tête. On marcha dans cet ordre toute la journée, et, un peu avant le coucher du soleil, on s'arrêta pour camper dans l'hamada, au pied d'un petit monticule isolé, ayant à peine 3 ou 4 mètres de relief sur le terrain environnant, et qui offre de loin la forme d'un mulet couché; pour cette raison on l'appelle *El-Bghil*. Ce point est sans eau.

Le 12 septembre, une heure avant le jour, Ahmed ben Ahmed envoya des éclaireurs dans toutes les directions; son frère Abdelkader ben Ahmed avec six cavaliers partit sur la droite de manière à couper l'Oued-Tafilalet au-dessus du point où la colonne devait aller s'installer dans la journée; Abdelkader ben Moussa et Cheikh ben Abdelhakem accompagnés de vingt cavaliers à mehari, furent envoyés sur la gauche et en avant de la direction que devait suivre la colonne, de manière à ce que ces deux bandes pussent éclairer au loin la rive droite de l'Oued-Tafilalet. La colonne se mit en marche un peu après le lever du soleil, se dirigeant vers l'Ouest et arriva à onze heures du matin, environ, sur les bords de l'Oued-Tafilalet.

Cette rivière a un lit large d'environ 5 à 6 kilomètres; il est couvert d'arbres de différentes essences telles que le *talah* (gommier), l'*athel* (tamarix articulata), le *torfa* (tamarix atlantica) formant une immense forêt. Dans le milieu de ce thalweg qui est déjà un peu encaissé, est creusé le lit proprement dit de la rivière qui est profond et à bords très escarpés. La colonne se cacha immédiatement dans les arbres de la rivière, et vers une heure de l'après-midi elle alla camper sur la rive droite. Les éclaireurs rentrèrent vers le soir, et firent leur rapport. Abdelkader ben Ahmed rendit compte qu'il avait trouvé des traces fraîches de moutons se dirigeant vers le Nord-Ouest et qui n'avaient guère qu'un jour d'avance sur lui. Abdelkader ben Moussa et Cheikh ben Abdelhakem, rendirent également compte qu'ils avaient trouvé des traces de troupeaux de chameaux toutes fraîches. Sur ces indications, Ahmed ben Ahmed renvoya son frère Abdelkader ben Ahmed avec les six cavaliers qui l'avaient accompagné pour ghazzer les moutons dont ils avaient aperçu les traces ; de même, Abdelkader ben Moussa et Cheikh ben Abdelhakem furent désignés pour tâcher de s'emparer des chameaux qu'ils avaient signalés. Il leur fut indiqué en même temps que la colonne se rendrait le 13 septembre à Oglat-Kesdis, point situé dans le Sud-Ouest du campement actuel, à environ 20 kilomètres de l'endroit où ils avaient coupé l'Oued-Tafilalet. Les éclaireurs partirent le 13 septembre avant le jour pour accomplir les missions qui leur avaient été données ; quant à la colonne, elle se mit en marche pour Oglat-Kesdis un peu après le lever du soleil, et parcourut une petite étape dans un terrain légèrement sablonneux et sensiblement horizontal. Vers dix heures du matin elle arrivait à Oglat-Kesdis où elle campait à côté des puits. Oglat-Kesdis est une grande dépression venant du Sud-Ouest et paraissant se diriger vers l'Oued-Tafilalet. A côté des deux puits dont l'un est très abondant et dont l'autre moins abondant a une rampe qui permet d'aller puiser l'eau à la main, se trouvent quatre immenses gommiers ayant quinze à vingt mètres de hauteur et dont l'ombre de chacun peut suffire à abriter trente hommes. La colonne campa à côté des puits. On déchargea les chameaux et avec les bâts et les charges, on forma un douar ; Ahmed ben Ahmed se plaça à côté du puits pour régler les tours d'abreuvoir et éviter les discussions ou les disputes au sujet de l'eau.

Un peu après que la colonne fut campée, Abdelkader ben Ahmed revint avec sa petite troupe, conduisant environ trois mille moutons avec les quinze femmes qui les gardaient, leurs ânes, leurs bagages, etc. Ces femmes et ces troupeaux appartenaient aux Aït-Khabbech. Au coucher du soleil, Abdelkader ben Moussa et Cheikh ben Abdelhakem revinrent aussi conduisant cinquante chamelles qu'ils avaient ghazzées près de l'Oued-Draa sur des gens des Aït-Khabbech; ils avaient tué aux propriétaires du troupeau quatre hommes et rapportaient leurs fusils.

Comme il ne fallait pas songer à emmener les moutons, les Chambâa en égorgèrent tout ce qui leur fut nécessaire pour se dédommager de leur longue abstinence de viande. Après le dîner, Ahmed ben Ahmed réunit les principaux personnages de la colonne et leur fit observer qu'il fallait se presser d'agir si l'on voulait ne pas avoir à lutter contre des contingents considérables de Brabers; que, par suite, il fallait organiser immédiatement trois petites colonnes, destinées à opérer au Nord et à l'Ouest, et quel que fût le résultat obtenu, de reprendre immédiatement la route de Goléa.

A la suite des rapports des éclaireurs, les dispositions suivantes furent adoptées : Abdelkader ben Moussa et Cheikh ben Abdelhakem reçurent la mission d'aller avec vingt mehara tenter la fortune dans la direction où ils avaient été la veille. Belkassem ben Saïd, celui qui avait servi de guide à la colonne jusqu'à El-Ouguarta, et son frère Abdelkader, avec trente mehara, furent chargés d'aller sur l'Oued-Drâa supérieur tâter des campements dont on avait signalé la présence sur ce point. Enfin, Abdelkader ben Ahmed et Moussa ben Ahmed, accompagnés de El-Aïd ben Hamouani, des Oulad-Abdelgader, et de Ahmed ben Boussina, des Chambâa Mouadi, avec cent trente mehara, reçurent la difficile mission d'aller au Mader, dans la direction des groupes de villages des oasis du Tafilalet, pour y ghazzer ce qu'ils pourraient trouver. Le point de rendez-vous fut fixé à Oglat-Kesdis, où l'on devait attendre trois jours pleins le résultat des opérations confiées aux trois petites colonnes qui partirent le 15 septembre au matin.

Dans la soirée du 17 septembre, Abdelkader ben Moussa et Cheikh ben Abdelhakem, qui avaient été envoyés en expédition près du coude de l'Oued-Drâa, revinrent, ramenant trente chamelles prises à une fraction des Oulad-Moulet; un peu après, Belkassem ben Saïd et son frère Abdelkader revinrent, ramenant quarante chamelles enlevées à une fraction des Oulad-Moulet, campée sur l'Oued-Drâa supérieur. Ces deux troupes n'avaient perdu personne.

Le 18 septembre, au soir, Abdelkader ben Ahmed, Moussa ben Ahmed et leurs gens, revinrent, conduisant cent soixante-dix chamelles chargées de tentes, de tapis et d'objets de campement de toutes sortes qu'ils avaient ghazzés sur des fractions des Tadjakant, des Oulad-Moulet et des Aït-Khabbech. En partant de Kasdis, Abdelkader ben Ahmed, qui avait le commandement de la troupe, se dirigea sur l'Oued-Tafilalet, qu'il remonta, traversa ensuite en se dirigeant vers le Nord-Ouest un pâté montagneux très difficile, et campa de l'autre côté.

Le 19, il s'engagea dans la grande et riche plaine du Mader, ghazza les tentes qu'il y trouva, ce qui lui fut relativement facile, vu que la plupart des propriétaires de ces tentes étaient absents avec leurs chameaux pour aller acheter des grains. Les Chambâa tuèrent cependant trois hommes, puis revinrent sur leurs pas en se dirigeant sur le ksar de Roumilia, dont les habitants s'enfuirent en les voyant arriver. Ils ghazzèrent les chameaux qui se trouvaient dans les environs du ksar, et revinrent le lendemain à Kesdis.

Dans la soirée du 18 septembre, quand toutes les petites colonnes envoyées par Ahmed ben Ahmed furent rentrées, il réunit les principaux personnages de la colonne afin de donner les ordres nécessaires pour le retour. Les quinze femmes des Aït-Khabbech, qui avaient été prises par Abdelkader ben Ahmed dans la journée du

14 septembre, l'homme de la même tribu nommé Hamma, fait prisonnier à Hassi-el-Guisia, les bergers qu'on avait pris avec les troupeaux de chameaux, dans les journées du 16 et du 17 septembre, furent mis en liberté ; on rendit même aux femmes des Aït-Khabbech les moutons qui n'avaient pas été égorgés pour être mangés. Le départ fut fixé au lendemain 19 septembre. Quelques-uns des membres du conseil voulaient que l'on prît, pour le retour, la route suivie à l'aller, en utilisant ainsi les cinq guides des Zeghamra qu'on avait conservés à la colonne. Ahmed ben Ahmed fit observer qu'il était impossible de reprendre la route suivie à l'aller, parce que l'on trouverait certainement, pour disputer le passage, les forces réunies des Brabers, lesquels avaient eu largement le temps de se préparer pour prendre leur revanche, que, par suite, en présence d'un danger certain, il était préférable de suivre une autre route que celle parcourue précédemment, et qu'en prenant des précautions et des renseignements on courait encore moins de risque, même en parcourant une route inconnue, qu'en disputant le passage à des forces qui pouvaient être considérables, gêné que l'on était par un gros convoi et des animaux qui étaient très fatigués.

Cet avis souleva de vives objections, mais finalement il fut adopté. Il fut donc décidé qu'on marcherait d'abord sur Tabelbelt et qu'on s'inspirerait ensuite des circonstances et des renseignements qu'on pourrait recueillir.

Le 19, au matin, on rendit donc la liberté à tous les prisonniers et on se mit en route, de grand matin, en se dirigeant vers le Sud-Est, conformément aux indications données par les gens des Zeghamra.

Il s'agissait d'échapper, par une marche rapide, à la poursuite des tribus que l'on venait de ghazzer. La colonne se mit en marche au point du jour, marchant sur un terrain légèrement sablonneux, longeant d'assez près de petites aregs qui forment le bord Nord de la daya Daoura. A 20 kilomètres environ de Kesdis, on coupait l'Oued-Tafilalet et on entrait sur un terrain de hamada à peu près horizontal, mais paraissant cependant s'incliner dans la direction suivie par la colonne. On marcha ainsi toute la journée sur un terrain de hamada, ayant simplement une arrière-garde formée de quelques gens à cheval, commandés par Ahmed ben Ahmed. Au coucher du soleil, on décida qu'au lieu de camper on marcherait toute la nuit. Enfin, vers trois heures du matin, Ahmed ben Ahmed jugea nécessaire de donner un peu de repos à la colonne. On s'arrêta, on donna de l'orge aux chevaux, les hommes prirent également quelque nourriture, et, au jour, on reprit la direction suivie précédemment, sur le même terrain de hamada que la veille. A mesure que l'on avançait, on apercevait, sur la gauche, la ligne d'areg déjà vue à El-Guisia qui se rapprochait à mesure que l'on avançait. Vers une heure de l'après-midi, on put distinguer les ksours de Tabelbelt ainsi que la naissance d'une longue ligne de hauteurs rocheuses qui commençait près de l'oasis. A cinq heures du soir, on arrivait aux ksours de Tabelbelt ; le premier que l'on rencontra qui contient environ quarante maisons, s'appelle Ksár-el-Kebir ; le second, à environ 200 mètres plus au Sud, ne contient qu'une dizaine de maisons et s'appelle Zaouïa. L'oasis s'étend au nord-ouest des ksours, elle contient environ cinq ou six mille palmiers arrosés par des feggaguir qui viennent d'une petite ligne de hauteurs qui s'étend au sud-est du ksar ; au Sud est une grande sebkha qui s'arrête au pied de la ligne de hauteurs rocheuses mentionnée plus haut.

Les gens de Tabelbelt accueillirent sans difficulté les Chambâa, leur vendirent des grains, quelque peu de dattes et indiquèrent qu'une caravane, venant du Tafilalet et conduite par des gens des Oulad-Moulet et des Aït-Mahmed du Tafilalet, formée de quarante chameaux, chargés de drap, de sucre, de thé anglais, de souliers fabriqués à Fez, de peaux maroquinées rouges et jaunes, avait traversé leur ksar, trois jours auparavant, se dirigeant sur le Soudan par la route de Taoudeny.

C'était une trop belle aubaine qui s'offrait à eux, pour que les Chambâa la pussent négliger. Il fut donc décidé que l'on choisirait quarante cavaliers de bonne volonté pour partir avec Abdelkader ben Ahmed et tâcher de s'emparer de cette caravane.

Le 21 septembre, au matin, Abdelkader ben Ahmed qui, avant de partir, avait eu soin de choisir pour les quarante hommes qui l'accompagnaient de bons mehara encore en bon état, partit avec la colonne et ne s'en sépara que dans la sebkha de Tabelbelt, se dirigeant sur la ligne de hauteurs rocheuses qui est au Sud-Ouest du ksar. Ahmed ben Ahmed et la colonne marchèrent dans la direction d'une grande ligne d'aregs placée dans le Sud-Est et qu'on lui avait dit, à Tabelbelt, s'appeler Areg-er-Raoui. La colonne entra dans l'areg, après sept heures de marche environ, vers une heure de l'après-midi, et, à quatre heures, elle campait entre deux aregs, sur un point où l'on trouvait de l'eau en grattant le sable avec les mains. Il y a dans cet areg Er-Raoui des pâturages excellents et très abondants.

Le lendemain matin, 22 septembre, les Chambâa partirent au point du jour se dirigeant sur une ligne de hauteurs rocheuses qu'ils supposèrent devoir être celle à laquelle est adossée le ksar d'El-Ouguarta, et ils marchèrent de façon à camper entre les aregs et cette ligne de hauteurs. Ce jour-là, ils ne firent qu'une vingtaine de kilomètres et campèrent près de l'areg, vers une heure de l'après-midi, afin d'avoir le temps de faire paître les chameaux dans l'areg.

Au moment où ils chargeaient les chameaux pour partir, le 23 au matin, se proposant de marcher entre l'areg et la ligne de rochers, ils aperçurent à une certaine distance derrière eux, une troupe d'environ deux cent cinquante cavaliers et cent cinquante fantassins qu'ils jugèrent être des ennemis; aussi, se jetèrent-ils immédiatement dans les aregs qui étaient sur leur droite, terrain que leurs chameaux devaient parcourir avec bien plus de facilité que la troupe de cavaliers qui les poursuivait. Ils marchèrent toute la journée à travers les aregs dans la direction du Sud et campèrent, vers huit heures du soir, au milieu des aregs. Malheureusement, croyant qu'ils trouveraient de l'eau dans les aregs comme les jours précédents, ils n'avaient pas rempli leurs outres; or, les aregs où ils campaient étaient sans eau; ils durent donc se passer de boire, eux et leurs animaux.

Le 24 septembre, on marcha péniblement à travers l'areg se dirigeant vers l'Est; les gens de la colonne murmuraient, reprochant à Ahmed ben Ahmed de les avoir conduits dans un endroit où ils devaient mourir de soif. La journée fut dure; les animaux se traînaient péniblement; il fut donc décidé que l'on ne s'arrêterait pas pendant la nuit; du reste, Belkassem ben Saïd, qui avait servi de guide à la colonne jusqu'à El-Ouguarta, assurait qu'en marchant toute la nuit on apercevrait, au point du jour, les montagnes du Kheneg de l'Oued-Saoura, dont il estimait que l'on ne serait pas alors éloigné de plus d'une journée de marche.

Sur ses instances même, Ahmed ben Ahmed détacha vingt cavaliers à mehari, sous le commandement de ses frères Moussa ben Ahmed et Abdelkader ben Ahmed, pour aller chercher un certain nombre d'outres d'eau à Aïn-Dhob. Cette petite troupe y parvint, en effet, au matin bien que la jument de Moussa ben Ahmed fut morte de soif en route. Mais la fontaine n'avait presque plus d'eau, à tel point que les hommes de la petite troupe purent à peine y trouver de quoi boire; aussi ne purent-ils rejoindre la colonne que le 26 septembre, vers cinq heures du soir, à son campement du Kheneg.

Quant à la colonne, elle marcha toute la nuit, et le 25 septembre au matin, on apercevait dans la direction de l'Est-Nord-Est, les montagnes du Kheneg, mais excessive-

33

ment loin, et séparées de la colonne par la sebkha que.
l'on avait traversée en allant de l'Oued-Saoura à Aïn-Dhob.

Les hommes et les animaux étaient exténués ; en ou-
tre, la chaleur était insupportable dans le fond de la
sebkha. Il fallait aviser rapidement à porter un remède à
cette situation, afin d'éviter un immense désastre. A
neuf heures du matin, Ahmed ben Ahmed fit arrêter la
colonne et choisit soixante hommes parmi les plus vail-
lants et les plus vigoureux ; il les monta sur les soixante
meilleurs mehara qu'il put trouver dans la colonne ;
chacun d'eux fut muni de quatre peaux de bouc, et il leur
donna l'ordre d'aller le plus vite possible chercher de
l'eau au Kheneg et de la rapporter à la colonne. Ils partirent au galop de leurs mehara. Ahmed choisit ensuite
cent hommes à mehari parmi les plus valides qui lui res-
taient et en fit l'arrière garde de la colonne, sous son
commandement direct. Quant aux malades et aux gens
faibles, on les attacha sur leurs chameaux pour qu'ils ne
pussent pas tomber, car quelques-uns avaient perdu
connaissance, et on se mit tout doucement en marche.
Ahmed ben Ahmed resta avec son arrière-garde pour re-
lever ceux qui tombaient et ne laisser personne en
arrière.

Vers cinq heures, les soixante hommes à mehari qu'on
avait envoyé chercher de l'eau rejoignirent la colonne ;
il fut remis à chaque groupe soixante outres d'eau, et
tout le monde put s'abreuver de façon à prendre des forces pour continuer la route et arriver à l'Oued-Saoura
entre huit et dix heures du soir, à 4 ou 5 kilomètres au-
dessous du Kheneg.

Les soixante cavaliers à mehari qui avaient été envoyés chercher de l'eau à l'Oued-Saoura avaient rencon-
tré, sur les bords de la rivière, un troupeau de deux
cents moutons et de deux ânes gardés par quatre bergers des Doui-Menia, qui s'étaient enfuis dans la montagne à l'approche des Chambâa. Ces moutons furent
égorgés pour être distribués à la colonne.

Le lendemaiń de ce jour mémorable, Ahmed ben Ahmed décida que la colonne séjournerait un jour sur l'Oued-Saoura. Le 26, au matin, il partit avec vingt mehara pour aller au ksar de Kessabi acheter de l'orge et des dattes pour ses gens. Il y a environ 20 kilomètres du campement qu'occupaient les Chambâa à El-Kessabi, et la route suit constamment l'Oued-Saoura dont le cours est très tortueux au-dessus du Kheneg. Ce Kheneg, est formé, sur la rive droite, par une ligne de hauteurs que la rivière paraît avoir coupées à leur extrémité Est et qui s'élèvent verticalement au-dessus de la rivière d'environ 150 ou 200 mètres, laissant seulement un passage étroit, en console, élevé de 3 mètres au-dessus du lit proprement dit, et large de 4 mètres environ. Au-dessus et au-dessous du Kheneg, le lit de la rivière est plat et s'étale largement sur les deux rives. En face de l'escarpement, et sur la rive gauche, la montagne de la rive droite se continue par une ligne de rochers ayant à peine 3 mètres de hauteur, et que l'on traverse facilement avec des chameaux chargés. Il est bon d'ajouter qu'au-dessus du Kheneg, la montagne qui serre de près le lit de la rivière jusque bien au nord d'El-Kessabi, n'est jamais à moins de 15 mètres de la rive proprement dite, laquelle n'est élevée au-dessus du fond de la rivière que de 3 mètres. En face d'El-Kessabi, cette ligne de hauteurs s'est déjà beaucoup abaissée et n'est plus qu'une simple colline ; à ce même point, l'Oued-Saoura a un lit de 6 ou 7 kilomètres de largeur, plein de palmiers. Au Kheneg même, les rochers du fond du lit forment une sorte de barrage qui retient l'eau et dans lequel il y a deux grandes gueltas pleines, en tout temps, d'une eau qui est un peu saumâtre, mais cependant potable.

A El-Kessabi, Ahmed ben Ahmed apprit que les moutons ghazzés la veille par les hommes qu'il avait envoyé chercher de l'eau au Kheneg, appartenaient au cheikh Ali ben Ahmed de la fraction des Oulad-Sliman de la grande tribu des Doui-Menia. Le frère de ce cheikh nommé Mohammed se trouvait au ksar d'El-Kessabi et vint reprocher à Ahmed ben Ahmed de l'avoir fait ghazzer bien que les Doui-Menia et les Chambâa fussent en paix. Ahmed ben Ahmed reconnut la justesse de cette réclamation, et offrit de rembourser les moutons ghazzés au prix fixé par des experts pris parmi les gens d'El-Kessabi. Il fut convenu à la suite de cette expertise, que les moutons seraient remboursés sur le pied de dix francs l'un, ce qui fut fait dans la journée, soit en argent soit en chameaux. Les Chambâa apprirent en même temps à El-Kessabi une nouvelle qui leur montra combien Ahmed ben Ahmed avait eu raison de ne pas ramener la colonne de Kesdis par le même chemin qu'elle avait pris pour y aller. On leur dit, en effet, qu'au moment où ils partaient de Tabelbelt, il y avait au ksar d'El-Ouguarta une colonne de mille cavaliers et d'environ trois mille fantassins appartenant aux tribus des Brabers et des Aït-Attah, particulièrement aux fractions des Aït-Khabbech et des Aït-Azdeg qui attendaient le retour des Chambâa pour se mesurer avec eux.

Le représentant à El-Kessabi du marabout de Kerzas, fit donner gratuitement aux Chambâa, soixante-quatre hectolitres de dattes et huit hectolitres d'orge. Ils n'eurent donc qu'à acheter huit hectolitres d'orge pour avoir une provision suffisante afin d'arriver au Gourara.

L'orge était bon marché à El-Kessabi; ils la payèrent douze francs cinquante l'hectolitre. Ahmed ben Ahmed revint le même soir au campement, distribua les dattes et l'orge par parts égales à chacun des quatre groupes entre lesquels était divisée la colonne et jugeant les hommes et les animaux assez reposés, il décida que l'on partirait le lendemain.

Le 27 septembre, au matin, la colonne quitta donc le Kheneg se dirigeant sur le Ksar de Cherouine, c'est-à-dire marchant à l'Est-Nord-Est, à peu près. Vers quatre heures du soir, après avoir traversé toute la journée des terrains de hamada, elle campait sur un terrain sablonneux au pied de l'extrémité nord de l'Areg-El-Mallem.

Le 28 septembre, après une marche d'environ 20 kilomètres sur un terrain très sablonneux, la colonne arrivait à Cherouine, grand ksar d'environ trois cents maisons, bâti sur la déclivité Est de la petite colline où sont creusées les feggaguir qui l'arrosent. Les palmiers qui sont au nombre d'environ quatre vingt mille, s'étalent au Sud-Ouest du ksar, et les eaux des feggaguir coulent vers l'Est dans la direction de la Sebkha dont le bord est à environ 10 kilomètres de Cherouine. Ce ksar est commandé par le cheikh Brahim ; la population est en grande partie arabe, il n'y a qu'environ les deux cinquièmes de Zenata. Les gens de Cherouine ont une réputation bien établie de courage. En 1871, pendant que le faux cherif Bou Choucha était campé sur l'Oued-Saoura, quatre cents fantassins des Ghenenma surprirent une nuit les gens du ksar en franchissant le mur d'enceinte; les habitants de Cherouine, bien que pris à l'improviste, se défendirent énergiquement et massacrèrent la plus grande partie des assaillants dont quelques-uns à peine purent s'enfuir.

Les habitants de Cherouine donnèrent l'hospitalité aux Chambâa, leur offrirent à dîner et leur firent présent de plusieurs charges de chameaux de dattes. Il fut décidé que l'on partirait le lendemain, 28 septembre, pour les oasis de Deldoul de manière à rejoindre l'Ouaguerout où l'on avait donné rendez-vous à Abdelkader ben Ahmed et à la troupe qui était partie avec lui de Tabelbelt sur les traces de la caravane qui se rendait au Soudan.

En quittant Cherouine, la colonne marcha pendant 8 ou 10 kilomètres sur un terrain sablonneux jusqu'à la Sebkha, dans laquelle elle marcha six heures, et ensuite jusqu'au coucher du soleil, époque à laquelle elle arriva au ksar de Deldoul. Le fond de la Sebkha, dans la partie parcourue ce jour-là, est uni, très dur et couvert d'efflorescences de sel. Les palmiers de Deldoul sont dans le fond même de la Sebkha, dans un endroit sablonneux. Le ksar où aboutirent les Chambâa, lequel est le plus important de ceux qui portent le nom générique de Deldoul, s'appelle Ksar Oulad-Abd-El-Moulat. On marcha 15 à 16 kilomètres dans les palmiers avant d'arriver à cette agglomération de sept ksours ayant une place de marché commune et la même mosquée ; elle est commandée par le cheikh El-Hadj Abdallah des Oulad-Abd-El-Moulat, lequel est également obéi dans les autres ksours formant le groupe des Zoua et dont les principaux sont : Oulad-Abou, Iguesten, El-Barka, Touiki, Oulad-Abd-El-Samet, Akbal.

Les oasis de Deldoul sont arrosées par des feggaguir creusées dans une petite ligne de hauteurs située au sud-est des ksours. Les palmiers de ce groupe d'oasis sont au nombre de plus de huit cent mille.

Les Chambâa furent très bien reçus dans le ksar des Oulad-Abd-El-Moulat qui est aussi grand que Cherouine. On leur offrit une grande diffa, on donna des dattes au lieu d'orge à leurs chevaux, et on leur chargea deux cents chameaux de dattes.

Le 29 septembre, la colonne partit de bonne heure du ksar des Oulad-Abd-El-Moulat pour se rendre à Charef, marchant dans une direction Est un peu Nord sur une ligne de hauteurs de hamada où sont creusées les feggaguir des ksours de Deldoul et qui se prolonge dans l'Est. Cette ligne de hauteurs qui existe dans tous les ksours où il y a des feggaguir, s'appelle *El-Hadeb*. En quittant l'*hadeb* de Deldoul, on coupe une petite Sebkha large d'environ 5 kilomètres, à fond sablonneux, à cet endroit, et dans laquelle se trouvent les palmiers de Charef ; sur l'autre rive est le ksar de ce nom qui a le même mur d'enceinte que celui de Zaouïa-Sidi-Aomar. Ces deux ksours comptent entre eux environ quatre cents maisons et forment la ville principale de l'Ouaguerout.

Il y a environ 30 kilomètres du ksar des Oulad-Abd-El-Moulat à Charef. La Sebkha de Charef, commence un peu au nord de ce ksar et se termine un peu au sud de celui de Tala, et elle s'élargit à partir de Charef à mesure que l'on va dans le Sud, sauf à son extrémité où elle a à peu près la même largeur qu'à Charef.

L'*hadeb* des ksours de l'Ouaguerout est parallèle au bord Est de cette Sebkha.

Les Chambâa de Metlili restèrent au ksar de Charef avec la population duquel ils ont des relations anciennes; quant aux Chambâa Mouadhi, ils allèrent à Tiberkanin, ksar habité par des Khenafsa, avec lesquels ils ont depuis longtemps des intérêts communs.

La petite troupe d'Abdelkader ben Ahmed était arrivée à Charef le 27 septembre, ayant pleinement réussi dans son expédition. Abdelkader ben Ahmed raconta, qu'en partant de Tabelbelt, il s'était engagé dans le massif montagneux qui se trouve au sud-ouest du ksar, l'avait traversé très rapidement, s'était ensuite avancé dans une plaine de hamada, puis avait coupé une autre ligne de hauteurs rocheuses et, enfin, avait rejoint au soir la caravane, bien qu'elle eût trois jours d'avance sur lui. Cette caravane était conduite par des hommes de la tribu des Oulad-Moulet, des Aït-Mahmed, des Tadjakant et des Arib de l'Oued-Draa, qui se défendirent énergiquement.

Cinq des conducteurs de la caravane furent tués; les autres s'enfuirent, sauf un indigène des Arib qui fut fait prisonnier par le goum avec les quarante chameaux qui formaient la caravane.

Cet homme des Arib servit de guide à la petite troupe des Chambâa et la conduisit de manière à ce qu'elle arrivât, par le pays de Bouda, jusqu'à l'Ouaguerout. La colonne, reformée au complet, se reposa dans l'Ouaguerout, les journées du 30 septembre et du 1er octobre, et quitta Charef le 2 octobre au matin, se dirigeant sur Hassi-Boudeman, où elle arriva vers quatre heures et demie du soir, après avoir traversé un terrain de hamada. On campa autour du puits, qui n'a pas plus de 2 mètres 50 centimètres de profondeur, est abondant et contient une eau excellente.

Dans la journée du 3 octobre, la colonne alla d'Hassi-Boudeman à Hassi-Lefaya, où elle arriva vers quatre heures du soir. Les Chambâa Mouadhi, qui avaient acheté des dattes en très grande quantité dans l'Ouaguerout, ne marchaient pas aussi vite que les Chambâa de Metlili, et campèrent avant d'arriver à Hassi-Lefaya. Ce puits est creusé dans une dépression sablonneuse, au milieu de la hamada. Trois pieds gigantesques de *Zeïta* le signalent de loin. Il a, à peu près, 2 mètres de profondeur, est peu abondant, mais contient une eau excellente.

Dans la journée du 4 octobre, les Chambâa de Metlili parcoururent la distance qui sépare Hassi-Lefaya de Hassi-ben-Haddi, lequel se trouve à l'extrémité sud-ouest des Zmoul. Cette journée-là fut assez courte, bien qu'il y ait un peu de sable autour du puits de Ben-Haddi, qu'ils trouvèrent comblé, mais qui a, au plus, 4 mètres de profondeur. Son eau est un peu saumâtre et peu abondante.

Le 5 octobre, ils allèrent de Hassi-ben-Haddi à l'areg qui est entre Hassi-Tissent et Hassian-El-Hamor. Cette areg est partagée, dans le milieu, par un col très facile. Une partie de la colonne campa au Nord de l'areg, l'autre au Sud. En passant à Hassi-Tissent, on avait pris une provision d'eau au puits, qui a 4 ou 5 mètres de profondeur et donne de l'eau douce.

Le lendemain, 6 octobre, la colonne partit de bon matin pour aller camper à Hassi-bel-Khanfous. Elle parcourut un terrain de hamada dans lequel il y avait en très grande quantité des plantes ligneuses qu'aime le chameau. Elle passa par Hassian-El-Hamor et arriva à Hassi-bel-Khanfous vers deux heures de l'après-midi, étant partie au lever du soleil.

Le 7 octobre, la colonne, traversant toujours la même nature de terrain de hamada, alla prendre une provision d'eau à Hassi-Inhal et campa dans un réseau de ravins venant du Batten nommé Oudian-Talha, qui est à environ 5 kilomètres nord-est de Hassi-Inhal.

On arriva au campement vers deux heures. et demie de l'après-midi ; la colonne, il est vrai, marchait doucement parce que les chameaux pâturaient en route.

Le 8 octobre, on campa à Hassi-El-Hamar ; le lendemain, 9 octobre, on arrivait à Roknet-El-Khadem, et le 10, les Chambâa de Metlili arrivaient à Goléa, où ils étaient logés dans El-Hafra (maison des hôtes du ksar de Goléa) ; ils y restèrent, pendant trois jours, les hôtes des Chambâa Mouadhi.

Ils rejoignirent ensuite Metlili par la route ordinaire.

Cette audacieuse expédition, faite, en plein été, à d'aussi longues distances, n'avait coûté la vie à aucun de ceux qui y avaient pris part. Les Chambâa avaient seulement perdu deux juments ; l'une, appartenant à un homme des Oulad-Abdelgader, morte de soif et de chaleur dans la ghazzia du Mader ; l'autre, appartenant à Moussa ben Ahmed, morte également de soif et de chaleur, le 24 septembre, dans les aregs, près d'Aïn-Dhob.

Le propriétaire de cette dernière jument ne fut pas indemnisé parce que le partage des prises avait été fait au moment où les Chambâa se trouvaient dans l'Areg El-Raoui. Un homme des Chambâa Mouadhi mourut quelque temps après son arrivée à Goléa, du *tsem* pris dans l'Ouaguerout. Quelques autres qui avaient contracté cette maladie dans l'Ouaguerout restèrent malades pendant plusieurs mois.

Il est bon de noter, en passant, que le *tsem* sévit d'une manière effrayante dans l'Ouaguerout, dans les oàsis de Deldoul, des Metarfa, des Oulad-Saïd, de Tabelkousa et de Timimoun, pendant les mois de mai et d'octobre. Il y a des années où il a détruit tous les habitants d'un ksar. Dans le pays ils appellent ces fièvres paludéennes *Ikhroudh* (1).

---

(1) En arabe يفــروض, du verbe فــرض, anéantir, détruire, exterminer, éteindre.

Il est à remarquer qu'au Touat, à Insalah, au Timi, à Bouda, il n'y a pas de *tsem*.

Cet itinéraire, tel qu'il a été décrit par Ahmed ben Ahmed, le chef de l'expédition, est remarquable à plus d'un égard. Il s'appuie, en effet, sur un point bien déterminé, Goléa, et coupe l'itinéraire de Colonieu au Touat, celui de Gerhard Rholfs du Tafilalet à Insalah, et permet par suite de contrôler quelques-unes des distances qui séparent ces itinéraires. Enfin, il nous donne sur la rive droite de l'Oued-Saoura et sur le pays qui s'étend entre cette rivière et le coude de l'Oued-Draa, des détails intéressants qui complètent, en les précisant, ceux que nous possédions déjà et qui sont peu nombreux.

L'expérience des voyages d'Ahmed ben Ahmed, sa profonde connaissance du Sahara, donnent aux renseignements fournis par lui une véritable autorité. Je dois ajouter que chaque fois qu'une de ses affirmations a pu être contrôlée au moyen d'un renseignement donné par un voyageur européen, j'ai pu constater sa véracité et sa sincérité.

En terminant cette étude, il convient, je pense, puisque j'ai cité les noms arabes de certaines plantes, de donner ici leurs noms scientifiques ; on les trouve dans beaucoup d'ouvrages tels que les *Touaregs du Nord* de Duveyrier, les divers mémoires du docteur Cosson, les notices du docteur Reboud ; mais pour ne pas renvoyer le lecteur à ces ouvrages, je les indique dans la liste ci-dessous :

BETHOUM *(Pistacia atlantica* ou *pistacia terebenthus).* — Arbre qui atteint des proportions gigantesques, mais que l'on trouve rarement dans le Sahara à des altitudes de moins de 5 à 600 mètres.

TARFA ou TORFA *(Tamarix gallica* ou *atlantica).* — Cet arbre qui atteint dans le Sud de grandes proportions croît dans les lits de rivière. Dans le Tell son bois est rarement sain, et ne donne qu'un mauvais chauffage.

Athel *(Tamarix articulata)*. — Comme le *tamarix gallica* ou *atlantica,* l'athel croît dans les lits de rivière ou dans les grandes dépressions où se réunissent les eaux. On le trouve rarement au Nord du 34ᵉ degré de latitude. Dans le Sahara, il atteint des proportions gigantesques. Son bois, brûlé pendant qu'il est vert, répand une odeur de soufre très forte. Il sert comme bois de charpente, mais surtout remplace le bois du tremble pour servir à la confection de plats en bois et de divers ustensiles de ménage des Sahariens.

Zeïta *(Limoniastrum guyonianum)*. — Cet arbuste qui arrive quelquefois à atteindre les proportions d'un arbre de deuxième grandeur, pousse généralement dans les petites dunes (Nebka) qui garnissent le fond des Sebkha ou s'étalent sur leurs bords. Son tronc a tout-à-fait l'apparence d'un immense cep de vigne, et ses racines d'où partent des radicelles ayant souvent plus de 10 mètres de long, forment, dans les sables, un réseau très curieusement enchevêtré de manière à y recueillir une grande quantité d'humidité. Son nom de Zeïta lui vient de ce que sur ses branches se développent des galles qui ressemblent à une grosse olive, en arabe *zitoun.*

Sedra *(Zizyphus lotus)*. — Jujubier nain ou épineux. Cet arbuste est souvent un arbre dans le Sud ; il croît dans les dépressions où pousse le bethoum ; c'est sous la protection du sedra que le bethoum se développe jusqu'au moment où, n'ayant rien à craindre de la dent des troupeaux, il étouffe lui-même le sedra sous son ombre.

Talha *(Acacia arabica)*. — C'est le gommier ; on sait que la gomme, qui est le produit de cet arbre, se fige sur l'écorce sous l'influence d'une haute température, de vents du Sud très violents et très prolongés, par exemple. Dans les régions dont nous nous occupons, il ne paraît pas que la gomme soit exploitée.

Bou Rokba *(Pennisetum dichotomum)*. — Plante fourragère du même genre que le drinn ; Duveyrier assure qu'elle est, en général, peu recherchée par les animaux.

Retem *(Retama duriœi).* — Arbuste appartenant à la famille des térébinthacées, qui atteint de 1 à 2 mètres de hauteur, et quelquefois s'élève jusqu'à 3 mètres; les chameaux mangent son feuillage. On rencontre souvent dans les grandes dépressions du Sahara de véritables forêts de retem.

Alenda *(Ephedra alata).* — Arbuste appartenant à la famille des conifères, qui atteint dans le Sud jusqu'à 4 mètres de hauteur. Les chameaux mangent ses rejets malgré leur saveur astringente. Il donne une baie noirâtre qui est comestible. On rencontre cet arbuste dans les terres d'alluvion.

Damran *(Traganum nudatum).* — Plante frutescente qui croît surtout dans les dépressions. Elle appartient à la famille des salsolacées. Elle a, dit-on, la propriété d'engraisser les chameaux, qui, du reste, la mangent avec avidité.

Chebrok *(Zilla macroptera).* — Plante épineuse qui croît en larges touffes et est très recherchée par les chameaux; elle appartient à la famille des crucifères.

Baguel ou Belbel *(Anabasis articulata).* — Cette plante ligneuse appartient à la famille des salsolacées; d'après Duveyrier, les Sahariens prétendent qu'on peut creuser des puits avec sécurité partout où croît le baguel, parce qu'on est certain de trouver l'eau à une petite profondeur. Bien que cette plante soit peu riche en matière alimentaire, elle est mangée par les chameaux.

A cette notice il était des plus utiles de joindre une carte indiquant l'itinéraire parcouru par les Chambâa pendant leur expédition. M. l'Ingénieur en chef des Mines, Pouyanne, a bien voulu m'autoriser à me servir de la carte du bassin géographique de l'Oued-Saoura, qu'il a dressée d'après les documents les plus récents, tels que cartes antérieures et renseignements indigènes recueillis tout dernièrement. C'est sur cette carte qu'a été établi l'itinéraire d'Ahmed ben Ahmed, lequel nous a également fourni la description de plusieurs autres routes conduisant au Gourara, à l'Ouaguerout, au Tidikelt, etc...

Bien que M. de Colomb ait publié, en 1860, dans la *Revue algérienne et coloniale*, une notice très intéressante sur les oasis du Sahara et les routes qui y conduisent, je reprendrai plusieurs de ces itinéraires en les développant et en y ajoutant certains détails qui m'ont été donnés soit par les Chambâa, soit par les gens du Touat ou du Gourara, de manière à accumuler le plus possible de renseignements sur une partie du Sahara qui, bien que très voisine du Sud de l'Algérie, n'est encore qu'imparfaitement connue.

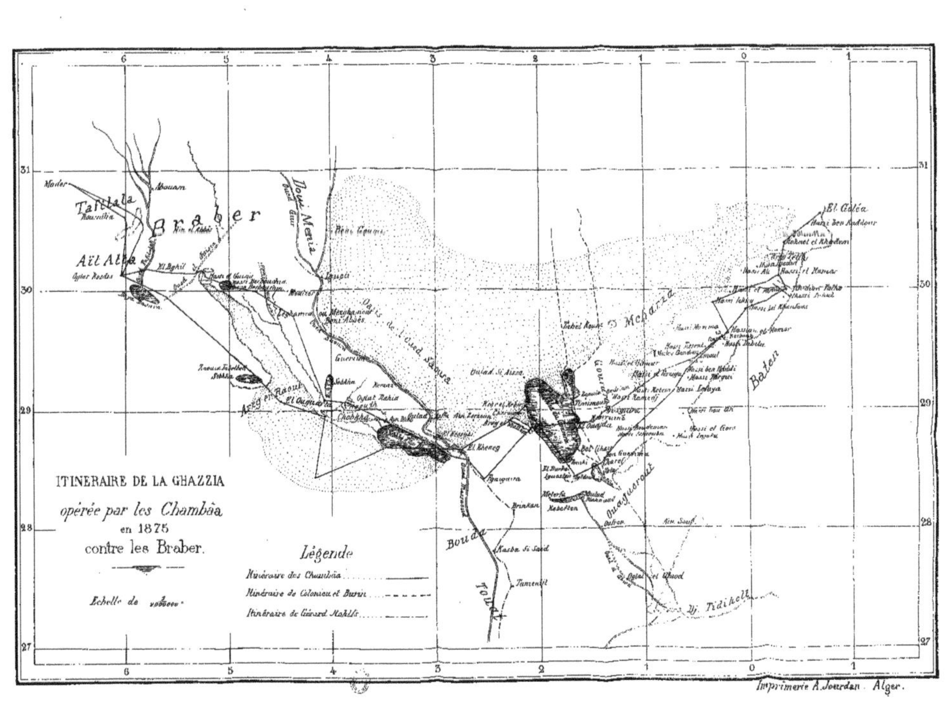

ITINERAIRE DE LA GHAZZIA
opérée par les Chambâa
en 1875
contre les Braber.
Echelle de
Légende
Itinéraire des Chambâa
Itinéraire de Colonieu et Burin
Itinéraire de Gérard Mahlis
Imprimerie A. Jourdan. Alger.

9 782019 961213